Inhalt

Der Tausendfüßler   *9*
Mia und Maia   *14*
Kahnfahrt   *19*
Der Hase und der Elefant   *20*
Zwei Ameisen im Garten   *22*
Ein Mädchen und sechs Tiere   *27*
Mäusekrimi   *30*
Der Fisch   *33*

Ein Lehrer namens Iner   *36*

Egon, Eugen und der Löwe   *38*

Erlebnis   *44*

Der Löwentag   *47*

Die Armbanduhr auf dem Mond   *53*

Nilpferd und Mücke   *56*

Der Tausendfüßler

Der Tausendfüßler wollte mit seinen tausend Füßen nicht mehr barfuß gehen. Er ging in einen Schuhladen und sagte: „Ich brauche Schuhe, tausend Stück."

Das Fräulein sagte: „Wir haben fünfhundert Paar."

„Wunderbar!" rief der Tausendfüßler. „Ich kaufe alle!"

„Aber es sind ganz verschiedene Sorten", sagte das Fräulein.

„Auch recht!" rief der Tausendfüßler. „Nur her damit!"

Da brachte ihm das Fräulein die Schuhe:

> Stiefel,
>
> Wanderschuhe,
>
> Halbschuhe,
>
> Skischuhe,
>
> Gummistiefel,
>
> Stöckelschuhe,
>
> Ballettschuhe,
>
> Turnschuhe,
>
> Filzpantoffeln,
>
> Sandalen,
>
> Holzpantinen.

Bis der Tausendfüßler alle tausend Schuhe angezogen hatte, das brauchte natürlich seine Zeit. Das Fräulein half ihm.

Endlich hatte der Tausendfüßler alle
tausend Schuhe an seinen tausend Füßen.
Er zahlte. Und dann

        trippelte,
        trappelte,
        klapperte,
        stapfte,

schlappte,
stampfte,
schlurfte
der Tausendfüßler mit den tausend Schuhen
an den tausend Füßen davon. Wer ihn sah,
der sagte: Einer allein wie eine ganze
Prozession!

Mia und Maia

Unter einem Haselbusch wohnte eine kleine
Maus namens Mia. Nicht weit davon, unter
einem Holunderbusch, wohnte eine andere
kleine Maus. Die andere kleine Maus hieß
Maia.

An einem grauen Tag im Dezember ging
Mia zu Maia. Da schwebte etwas Helles
vom Himmel. Und dann noch etwas. Und
noch etwas.

Da rannte Mia zu Maia und rief: „Rate,
was ich gesehen habe! Es ist nicht schwarz,
sondern weiß. Es ist nicht laut, sondern leis.
Es schwebt vom Himmel herab, und wenn
es am Boden ist, dann ist es auf einmal nicht
mehr da."

„Schnee!" rief Maia. „Hurra! Es schneit!"

Die beiden rannten ins Freie. Draußen
sprangen sie herum und versuchten
Schneeflocken zu fangen.

„Halt!" rief Mia. „Du hast eine herrliche

Flocke auf dem Kopf! Einen richtigen
Stern!"

Aber da war der Schneestern schon
geschmolzen.

Die Flocken tanzten immer dichter herab,
und sie blieben immer länger liegen.

Bald waren die beiden kleinen Mäuse
nicht mehr grau, sondern weiß.

Und als Mia am Abend nach Hause

wanderte, da lag schon so viel Schnee, daß
ihre Zehen Muster in den Schnee drückten.

Am andern Tag wollte Maia zu Mia.

Da lag der Schnee hoch auf dem Loch.
Aber der Schnee war ganz locker und ließ
sich leicht beiseite schieben.

„Ich mache einen Tunnel zum Haselbusch
hinüber", dachte Maia. „Mia wird staunen,
wenn ich komme!"

Sie grub einen Gang durch den Schnee.
Das ging nicht schwer. – Da stieß sie
plötzlich mit der Nase gegen etwas, was ihr
entgegenkam.

„Ui!" rief sie erschrocken.

„Ui!" rief jemand vor ihr. Das war Mias Stimme.

Mia hatte auch einen Gang gegraben, zu Maia hinüber. Genau in der Mitte waren sie zusammengetroffen.

Nun hatten die beiden kleinen Mäuse einen herrlichen Weg unterm Schnee. Auf ihm liefen sie oft hin und her. Besonders schön war es, wenn die Sonne oben auf den Schnee schien. Dann leuchtete der ganze Gang in einem weißen Schein.

Kahnfahrt

Zwei kühne Kühe
und ein kleines kluges keckes Kalb
fuhren kürzlich
in der kühlen Morgenfrühe
in einem Kahn
über den See.

Drüben wuchs Klee.
Juchhe!

Der Hase und der Elefant

„Sag nicht immer Kleiner zu mir!" sagte der Hase zum Elefanten.

„Es war nicht bös gemeint", sagte der Elefant.

„Bestimmt nicht?"

„Ehrenwort!"

„In Ordnung!" sagte der Hase. „Dann wollen wir wieder Freunde sein! – Dicker, wie wär's? Wollen wir spazierengehn?"

„Halt! Was hast du da eben gesagt? Dicker?"

„Na und!" rief der Hase. „Sei doch nicht gleich beleidigt! Was bist du für einer!"

„Also gut", brummte der Elefant. „Ich will nicht so sein. Gehen wir!"

„Du bist ein prima Kerl", sagte der Hase.

Und dann sind sie zusammen in der Welt herumspaziert. Schön war's.

Zwei Ameisen im Garten

Zwei Ameisen sind im Garten spazierengegangen.

Da sind sie unter einen Kirschbaum gekommen.

Der Kirschbaum war rot von Kirschen.

Und schwarz von Staren.

Die Stare haben die Kirschen abgepickt. Das saftige Fleisch haben sie gegessen. Die Kerne haben sie fallenlassen.

„Ist das ein Kirschbaum?" hat die eine Ameise gefragt.

„Falsch geraten", hat die andere Ameise gesagt. „Das ist kein Kirschbaum. Das ist ein Kirschkernbaum. Auf dem wachsen nur Kirschkerne."

„Komischer Baum", hat die eine Ameise gesagt.

Plumps. Plumps. Plumps. Immer hat es irgendwo plumps gemacht, wenn ein Kirschkern herabgefallen ist. Und manchmal wäre ein Kirschkern den beiden fast auf den Kopf gefallen.

„Kirschkernbäume sind gefährlich", hat die eine Ameise gesagt.

„Machen wir, daß wir weiterkommen!" hat die andere Ameise gesagt.

Die Ameisen sind weitergewandert.

Da waren Kinder, die haben auf dem Rasen Purzelbäume geschlagen.

„Komische Ameisen", hat die eine

Ameise gesagt. „So groß! Und fallen doch
andauernd um!"

„Kein Wunder, daß sie andauernd
umfallen", hat die andere Ameise gesagt.
„Sie haben ja bloß zwei Beine!"

„Ein Glück, daß wir sechs Beine haben!"
Bei den komischen großen Ameisen mit

den zwei Beinen, die andauernd umgefallen sind, war es auch sehr gefährlich.

Da sind die zwei Ameisen nach Hause gelaufen. Daheim haben sie den andern Ameisen erzählt, was sie erlebt hatten, erst unter dem Kirschkernbaum und dann bei den zweibeinigen Riesenameisen, die andauernd umgefallen sind. „Es war ein richtiges Abenteuer!" haben sie gesagt.

Ein Mädchen
und sechs Tiere

Es war einmal ein Mädchen, das die Tiere
liebte. Alle Tiere hatte es gern, die großen
und die kleinen.

Wie das Mädchen hieß, will ich nicht
verraten. Du wirst es bald selbst
herauskriegen.

Als das Mädchen Geburtstag hatte,
bekam es Besuch. Sechs Tiere kamen zu
ihm!

Trabtrabtrab! Das Islandpony kam
gelaufen und ließ sich von dem Mädchen
die Mähne kraulen.

Wer stapfte heran, dick und pudelnaß?
Das Nilpferd war aus dem Fluß gestiegen.
Es lachte, als ihm das Mädchen mit der
Hand auf den runden, nassen Leib
klatschte.

Die zierliche Gemse lief herbei. Sie war vom Berg gestiegen, von hoch oben, wo das Edelweiß an den Felswänden wächst.

Mit lautlosen Schwingen flog ein Vogel vom Wald herüber. Das war die Eule mit den großen Augen. Sogar sie war gekommen, obwohl sie sonst nur in der Nacht unterwegs ist.

Am Boden glitt die Ringelnatter heran. In eleganten Windungen schlängelte sie sich durchs Gras. Nun war sie bei dem Mädchen und hob ihren Kopf, hinter dem zwei gelbe Halbmonde im Nacken schimmerte. Auch die Ringelnatter ist ein schönes Tier!

Aber nun nahte noch jemand, grau und gewaltig groß, und hob zum Gruß seinen Rüssel: der Elefant!

Und jetzt kam die ganz große Überraschung.

Alle Tiere stellten sich der Größe nach in einer Reihe auf. Das kleinste machte den

Anfang, und das größte stellte sich ans Ende.

Da freute sich das Mädchen. Die Tiere hatten ihren Namen geschrieben! Die Anfangsbuchstaben der Tiere ergaben ihren Vornamen!

Wie hat das Mädchen geheißen?

Mäusekrimi

Es war mal eine Maus.
Die wollte was erleben.
Die kleine Maus ging aus,

ging tippeltrippeltrippel,
ging um das Eck.
Da stand, o Schreck, ein Kater.
Der Kater rief: „Ich fresse dich!"
Drauf rief die Maus:
„Du kriegst mich nicht!"
und lief geschwind nach Haus.
Was tat die Maus zu Haus?
Sie legte sich aufs Kanapee
und las dort einen Krimi
von einer kleinen Maus:
Die wollte was erleben.
Die kleine Maus ging aus,
ging trippeltrippeltrippel,
ging um das Eck.
Da stand, o Schreck, ein Kater.
Der Kater rief: „Ich fresse dich!"
Drauf rief die Maus:
„Du kriegst mich nicht!"
und lief geschwind nach Haus.
Was tat die Maus zu Haus?

Sie legte sich aufs Kanapee
und las dort einen Krimi
von einer kleinen Maus.

. . .

Der Fisch

Einmal ist Sabine am Weiher gesessen. Sie ließ ihre Beine ins Wasser hängen und schaute den Libellen zu, die funkelnd durch die Luft schossen.

Da spürte sie etwas an der Wade. Ein Fisch war herangeschwommen und stupste sie mit der Nase an.

3 9767-4

„Hallo, du!" rief der Fisch.

„Tag, Fisch!" sagte Sabine.

„Tag, Frosch!" sagte der Fisch. „Dich habe ich schon gekannt, als du noch als winzige Kugel mit einem Schwänzchen hintendran herumgetrudelt bist. Damals, als du noch eine Kaulquappe warst. Weißt du noch?"

„Da irrst du dich gewaltig!" Sabine lachte. „Ich bin kein Frosch! Und eine Kaulquappe war ich bestimmt noch nie!"

„Entschuldigung!" sagte der Fisch. „Aber wenn ich dich so ansehe – ein bißchen wie ein Frosch siehst du doch aus. Nur daß du so groß bist. Und nicht grün."

„Ich bin ein Mensch."

„Sind alle Menschen so riesengroß?" fragte der Fisch.

„Die meisten sind noch viel größer als ich", sagte Sabine. „Auch ich will noch wachsen."

„Aber deine Beine ..." fing der Fisch
wieder an. „Beine hast du wie ein Frosch!
Wer kann besser hüpfen, du oder der Frosch?"

„Das Hüpfen überlasse ich dem Frosch",
meinte Sabine. „Dafür kann ich rennen.
Wenn ich renne, holt mich bestimmt kein
Frosch ein!"

„Ist rennen schön?"

„Rennen ist herrlich!"

„Aber schwimmen ist schöner!" meinte
der Fisch.

„Ja, schwimmen ist auch schön!" Sabine
lachte und sprang ins Wasser. Und dann
sind sie um die Wette geschwommen, Sabine
und der Fisch. Einmal über den Weiher
und einmal zurück. Und dann noch einmal
über den Weiher und noch einmal zurück.

Ein Lehrer namens Iner

In einer Schule gab es einmal einen Lehrer
namens Iner. Wenn dieser Iner in die Schule
kam, waren alle Schüler gleich
mäuschenstill, und keiner kläffte mehr.

Vor diesem Iner hatten sie alle großen
Respekt. Er war nämlich ungeheuer groß
und stark. Dabei war er gutmütig, und die
jungen Hunde hatten ihn alle gern.

Daß es eine Hundeschule war, wirst du
dir schon gleich gedacht haben, denn andere
Schüler kläffen ja nicht.

Oder?

Und wer der Lehrer war, wirst du dir auch
denken können.

Oder soll ich dir noch seinen Vornamen
verraten?

Mit Vornamen hieß er: Bernhard!

Egon, Eugen und der Löwe

Zwei Hasen hoppelten über die Steppe.

Da sahen sie vor sich einen Löwen. Der lag im Gras und streckte alle viere von sich.

„O Schreck!" flüsterte der eine Hase, der Egon hieß. „Ein Löwe! Hauen wir ab!"

„Ach was!" flüsterte Eugen, der andere Hase. „Schau ihn dir doch an! Der schläft!"

„Schläft der?" meinte Egon. „Oder tut der nur so?"

„Keine Sorge! Der schläft! Gehen wir weiter!"

„Sollen wir uns wirklich trauen?"

„Klar!" sagte Eugen. „Trauen wir uns! Gehen wir an ihm vorbei!"

„Aber leise! Leise!"

„Nicht husten!"

„Nicht niesen!"

Leise, leise schlichen Egon und Eugen,

die beiden Hasen, an dem schlafenden
Löwen vorbei.

Der Löwe muckste sich nicht. Aber als
die beiden Hasen neben ihm waren, riß er
plötzlich den Rachen auf und brüllte
fürchterlich.

Die beiden Hasen stoben davon wie aus
der Kanone geschossen. Sie rannten und

rannten. Endlich trauten sie sich zurückzuschauen. Kein Löwe kam hinter ihnen drein. Da hielten sie an und setzten sich nieder.

Erst brachte keiner ein Wort heraus, so waren sie noch außer Atem.

Dann meinte Egon: „Geschafft! Wenn der uns erwischt hätte! Aber so schnell holt uns keiner ein!"

„Ist er uns überhaupt nachgelaufen?" fragte Eugen. „Ich glaube, der liegt immer noch dort hinten."

„Aber er hatte uns doch gesehen! Wie der gebrüllt hat! So möchte ich's auch können!"

„Hat er uns wirklich bemerkt?" fragte Eugen. „Ich glaube, der hat nur im Schlaf gebrüllt."

„Dann muß er was Tolles geträumt haben. – Aber was?"

„Geh doch hin und frag ihn", sagte Eugen und lachte.

„Geh doch selber, wenn du dich traust!" Egon lachte.

„Lieber nicht!" meinte Eugen.

Und dann sind die beiden Hasen vergnügt weitergehoppelt, Egon und Eugen, hinaus ins weite Land. Die Welt ist schön. Auch für Hasen.

Erlebnis

Luftballon
sitzt im Gras.
Kommt die Maus.
Was ist das?

Was ist gar
so hübsch und nett,
kugelrund,
dick und fett?

Schmeckt er süß,
der schöne Ball?
Mal dran knabbern!
Knall!!!

Fetzen fliegen!!!
Explosion!!!
Was macht Maus?
Rennt davon.

Rennt davon
wie vor dem Feuer.
Läuft nach Haus
und erzählt ihr Abenteuer.

Der Löwentag

Einmal hatte ich Angst. Das war in einem
Traum.

   Ich wußte nicht mehr genau, wo ich war,

aber die Welt war schön, und ich ging weiter und weiter.

Da fiel mir plötzlich der Löwe ein. Der Löwe! dachte ich mir. Wenn nur der Löwe nicht kommt! Dem Löwen werde ich nicht Herr, nie und nimmer! Nur zurück, dachte ich mir, so schnell wie möglich!

In diesem Augenblick sah ich ihn vor mir. Mächtig und prächtig saß er da. Der Löwe! Und sah mich mit großen Augen an.

Vor Schreck gelähmt, konnte ich keinen Fuß mehr von der Erde heben. Ich stand nur da und zitterte.

Da fing der Löwe mit tiefer Stimme an zu reden. „Lübes Künd", sprach er (das sollte heißen: Liebes Kind, aber bei seiner tiefen Stimme klang es so). „Warum zütterst du?"

„Angst!" stammelte ich. „Angst! Angst! Angst! Angst!"

„Künd", fing da der Löwe wieder an: „Üch gähe müt dür. Üch bün stark. Wenn

üch müt dür gähe, brauchst du vor nümand
Angst zu haben! Üch brüng düch heim!"

Und dann ging der Löwe mit mir. Ein
kleines Stück schritt er neben mir her, aber

dann ließ er mich auf sich reiten. Ich saß auf seinem Rücken und hielt mich an seiner goldenen Mähne fest. Und der Löwe trabte mit mir dahin, nicht zu langsam, nicht zu schnell. Ich hätte ewig so dahinreiten mögen.

Welch ein schöner Löwentag! So sang
ich vor mich hin. Ein Löwentag! Ein
Löwentag! Welch ein schöner Löwentag!

Als ich unser Haus sah, stieg ich ab.

Der Löwe sagte: „Auf Wüdersöhen,
lübes Künd!"

Und ich sagte: „Auf Wüdersöhen, lüber
Löwe!" Ich hatte mich schon so an ihn
gewöhnt, daß ich anfing, in der
Löwensprache zu reden.

So kann es gehen. Oft haben wir Angst.
Vor Menschen, vor Gott weiß was. Angst!
Angst! Angst! Angst! Und meistens ganz
umsonst.

Die Armbanduhr
auf dem Mond

„O weh! O weh!" schluchzte die kleine freche Maus. „So ein Unglück!"

Es war am Abend, und der Mond war gerade aufgegangen. Die kleine freche Maus saß vor ihrem Loch und weinte, so laut sie konnte.

Der Igel trippelte vorbei. Er hielt an. „Um Himmels willen", rief er. „Was ist dir passiert? Hast du dir weh getan?"

„Schlimmer! Viel schlimmer!" heulte die Maus.

Weit und breit war das Weinen und Schluchzen der kleinen Maus zu hören.

Der Hase hoppelte heran. Der Frosch hüpfte vom Teich herüber. Der Dachs und das Reh kamen. Sogar der Hirsch schritt herbei.

„Was ist los?" fragten sie. „Warum weinst du?"

„Da!" rief die kleine freche Maus und zeigte ihren linken Arm. „Seht ihr was?"

Die Tiere guckten auf den kleinen Arm. „Nein", sagten sie. „Nein, wir sehen nichts."

„Eben", jammerte die kleine Maus. „Sie ist weg!"

„Wer ist weg?"

„Meine Armbanduhr! Meine schöne neue Armbanduhr mit den Leuchtziffern!"

„Du hast eine Armbanduhr?" wunderten sich die andern.

„Heute nacht habe ich sie noch gehabt", behauptete die Maus.

„Und wo ist sie jetzt?"

„Ich hab' sie verloren."

„Sollen wir dir suchen helfen?" fragte der Hirsch.

„Ja", rief die Maus. „Sucht meine Armbanduhr! Bitte!"

„Und wo hast du sie verloren?"

„Da oben", sagte die Maus und deutete
auf den Mond. „Auf dem Mond!"

„Auf dem Mond?" fragten die andern
ungläubig. „Wann warst du denn dort?"

„Heute nacht!" rief die kleine Maus. „Da
hatte ich eine schöne neue Armbanduhr.
Und dann habe ich sie verloren, da oben auf
dem Mond. Heute nacht – im Traum!" Und
dann verschwand die kleine freche Maus
blitzschnell in ihrem Loch.

Die andern Tiere wußten nicht, ob sie
böse sein sollten. Aber dann fingen sie an
zu lachen.

Und die kleine Maus kam wieder aus
ihrem Loch.

Nilpferd und Mücke

Nilpferd und Mücke
saßen mitten auf einer Brücke.
Die Mücke links,
das Nilpferd rechts.
Die Brücke sagte: „Ächz!"

„Du",
sprachen Nilpferd und Mücke
zur Brücke,
„gib Ruh!"

Da brach die Brücke
in Stücke.

Das Nilpferd
plumpste ins Wasser.
Das machte einen schönen Platsch.

Die Mücke
fliegt dir auf die Backe.
Und du machst: Klatsch!

**Spannung und Spaß für Jungen und
Mädchen von 8–14 Jahren garantieren
diese SchneiderBücher zum
Taschengeldpreis:**

JOSEF GUGGENMOS: Wer braucht tausend Schuhe?
INGE RÖSENER: „Söckchen" rettet den schwarzen Hengst
PETER KUNTZE: Der geheimnisvolle Ring
ENID BLYTON: Das Geheimnis der Klippenburg
WOLFGANG HOHLBEIN:
Gespenst ahoi! Die gestohlene Geisterkiste
WOLFGANG HOHLBEIN:
Gespenst ahoi! Das schottische Geisterschloß
RAINER LEUKEL: P-alpha antwortet nicht . . .
MARGOT KREUTER: Jahre der Träume
EDITH GROTKOP: Kleine Pferde zum Liebhaben
ALFRED HAGENI: Der Riesenschnurrbart
Jeder Band nur DM 4,95!

MARIE-LOUISE FISCHER: Guten Tag, ich bin das Hausgespenst!
MARIE-LOUISE FISCHER: Hilf mir, liebes Hausgespenst!
MARIE-LOUISE FISCHER: Danke, liebes Hausgespenst!
URSEL SCHEFFLER: Privatdetektiv F. X. Mücke:
Das Geheimnis des flüsternden Turmes
URSEL SCHEFFLER: Privatdetektiv F. X. Mücke:
Das Geheimnis der Mühle im Moor
MARGOT POTTHOFF: Kai Otto, der Hundefreund
MARGOT KREUTER: . . . und schreib auch mal!
KEN SONNE: Tobby, Thomas und Tanja
Die verschwundenen Kronjuwelen
KEN SONNE: Tobby, Thomas und Tanja
Das Geheimnis der Riesenschlange
INGE RÖSENER: Mit Babsi kann man Pferde stehlen
Jeder Band nur DM 5,95!

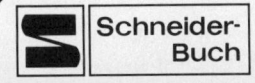

**Spannung und Spaß für Jungen und
Mädchen von 8–14 Jahren garantieren
diese SchneiderBücher zum
Taschengeldpreis:**

URSEL SCHEFFLER: Der Lügenbeutel
URSEL SCHEFFLER: Der Löwen-Zahnarzt
ELVIRA HOFFMANN: Mit einem Hund durch dick und dünn
EVELYNE KOLNBERGER: Constanze will kein Zwilling sein
EVELYNE KOLNBERGER: Ein Zwilling schafft es auch allein
EVELYNE KOLNBERGER: Zwei Zwillinge in einem Boot
EDDA BARS: Tino und sein Esel Peppino
ANGUS ALLAN u. a.: Der König der Fjorde
PALMER / LLOYD: Jedem schlägt die Geisterstunde
WOLFGANG HOHLBEIN: Gespenst ahoi! Ein Gespenst an Bord
Jeder Band nur DM 4,95!

EDDA BARS: Viel Wirbel auf dem Katzenhof
MARIE LOUISE FISCHER:
Die Mädchen von der Parkschule:

Katrin mit der großen Klappe
Nur Mut, liebe Ruth
Silvy will die Erste sein
IRENE MAKIN: Die Rettung der Ponys
INGE RÖSENER: Alle lieben Lord
RAINER LEUKEL: Als die Deiche brachen . . .
URSEL SCHEFFLER:
Privatdetektiv F. X. Mücke, Bd. 1
Das Geheimnis des kleinen Pharao
Privatdetektiv F. X. Mücke, Bd. 2
Das Geheimnis der roten Eule
MATTHIAS MARTIN: Entscheidung am Donnerstag
Jeder Band nur DM 5,95!

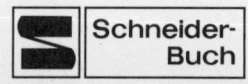

Schneider-
Buch